パワフルばあばは元いじめられっ子

隅 波満子 著

ロゼッタストーン

パワフルばあばは元いじめられっ子

【目次】

ある日、父が自殺した

両親が再婚同士の間に生まれた私達三人の女児。私を頭に七歳、五歳、二歳の娘を残して、父親は五十二歳で猟銃自殺した。

その日私は学校から帰るなり宿題には目もくれず、家から真正面に見えるミツマタ畑で、ひとり、フキの葉に野イチゴを包んだり食べたりしていた。

その頃、この地区の川では良質の石が採れることから、他県からも石割り職人が来ていて、時折「ドカーン」とダイナマイトの炸裂する音が聞こえていたので、我が家で起きている銃声など気にもしなかった。が、我が家の庭先で、「早う戻れ」と大きく手を振ってわめく母が何とも異様で、もしやただごとではないと駆け戻ったら、父はもう微動だにせず、血まみれで横たわっていた。

「(発砲で)ふとんに火がついちょるので、それをもみ消そうとしたら心臓から熱い血が手に煮えついて、あーあ恐ろしや」

母はわなわな震えていた。

銃は寝床の横に片付けてあったが、地区の人に「警察が来るまでそのままにしておく方がええ」と言われた。母は再び父の股間に銃を横たえ、「あーあ恐ろしや、こんなもん、早う警察に持って帰ってもらおう」と吐き捨てた。

私ら子供の頃は警察と言わず、「巡査さん」と教えられていた。

「ちゃんとしちょらんと、巡査さんに叱られる。連れて行かれるぞ」

と。

父の死より何より巡査が来ることの方が怖くて、私達姉妹は母の後ろに隠れていた。

隅浅五郎（父）と５歳の頃の波満子（私）。
宮島にて。鹿がとても怖かった。

なぜ父は死を選んだのか

昭和十九年の六月、父は、その頃は不治の病と言われていた胸の病気を患っていた。何度か町から医者が往診してくれていたが、当時は充分な食べ物もなく、まして栄養のあるものなど何もなかった。治療法もなく、父が毎日口にするものと言えば、脱脂粉乳のみ。三度の食事として脱脂粉乳を湯で溶かし、茶碗一杯ずつ与えられていた。

いつも寝間と言われる一番奥の部屋に寝ていた父。私は何かにつけて父に叱られてばかりだったので、父はきらいだった。その昔、父は海軍さんだったので、日頃の行儀作法には、それはそれはうるさかった。特に長女の私は、食事時の目線から箸の上げ下ろしまで厳しく指導されていたので、父の寝床をのぞくのは、粉乳スープを届ける時だけだった。

寝床の脇にはいつからともなく木綿の薄汚いレインコートが掛かっていた。父はまだ足が動く頃に、そのコートの下に猟銃を隠していたのである。

海軍時代の父、浅五郎（左）。

思いのたけを綴った遺書も見つかった。

母にあてた遺書には「三人の娘を頼む」、長女の私には「遠縁にあたる家から男の子を養子に迎えるように」と書いてあった。母は泣き泣き三人の子を前に読んでくれた。「この治らない病気は長引くだけ家計を圧迫する。それ以上にこの病気を子供らに移してはならぬ」とも書かれていた。

それにしても、あの恐ろしい銃口を自分の心臓に当て、足の指で引金を引く時の気持ち。どれほどの勇気がいったことだろう。

喜びのセーラー服が喪服に

さて、自殺であることの検証も無事に終り、納棺することに。今とちがって縦棺《たてかん》である。死者を座らせた状態で入れるのだが、父は背が高くて頭がつかえて蓋《ふた》ができぬ。男数人の力で無茶苦茶押さえ込んで釘付けに。ああ、可哀想に。死人は何も言わんけど、その無茶ぶりに、いつか自分もこうされるんだと、子供ながらに背の高いことをうらんだ。

四月に入学してすぐ、学校でセーラー服の配給があった。たった一着なのでくじ引きに。私は運よく当たり大喜び。しかし、これを父の葬儀の日に着ようとは……。

葬儀の日は、梅雨時にしては珍しく雨の落ちない日だった。墓地は山の丘の松林の中。男性はかわるがわる棺をかついで細い山道を登っていく。もちろん土葬だ。

こうして村で発生したことは、すべて地区の住民で何でもこなした。米を少しずつ持ち寄り、握り飯を作り、かんぴょう煮しめもでき、あとはたくあんだけの食事にも、誰も文句を言う者はいなかった。そんな当たり前のことを当たり前にやっていた昔がなつかしい。

生きるための母の死闘

母は父が床に伏せている間、牛の尻をたたいて水田を耕していたのだから凄い。父が亡くなってからは、家族が食べていくために母の死闘が始まった。

父のいない親子四人の生活。私は学校へ、すぐ下の妹は誰が見るでもなく、母について畑に行ったり、自宅周辺をうろついたりして一日を過ごしていた。末っ子だけは、いつも母が背中にくくりつけていた。そして背中から降ろすと決まって胸をはだけて乳を飲ませた。これはなんと小学校に上がるまで続いたから、今思えばおかしくなる。

畑では麦、大豆、小豆、そら豆、とうきび、粟《あわ》と、雑穀は作っていたので、米は供出させられても、それらで空腹をしのいだ。

山の中を這《は》いずりまわり、イタドリ（スカンポ）や道端のスイバを取って来てゆで、醤油《しょうゆ》を少しかけて和え物に。どちらも酸味のある植物で、酢は必要なかった。

秋も深まる頃、母はひとりで山に山渋《やましぶ》という小さな小さな柿を取りに行き、枝もたわわになっているのをもぎ取り、これを自作料理で塩漬けにして食わせてくれた。ひもじい腹には有り難かった。

この頃、地区の住民は「道作り」なるものに、一家にひとり男性が出ることになっていた。母は時にはそんな重労働にも出ていた。

今とちがって母子手当もない時代、父の着物を一枚、二枚とお金に換えた。

当時の米つきも大変だった。量のある時は石臼《うす》に入れて、「ダイガラ」という足踏み杵《きね》でついたけど、少量つくには一升瓶《びん》に米を入れ、木製の棒を差し込み、この棒を手で上下させてその摩擦で糠《ぬか》をはがす。これにはかなりの時間と労力が必要である。それでもまだ、籾殻《もみがら》付きがあり、しまいには手選り作戦で、やっと夕食を作る時間に間に合った。

著者の生家（昭和４０年５月）。

ペキポキと小さい木から、かまどに折りくべて火を付け、次第に大きな薪《まき》を重ねて、火の勢いがつけば鉄鍋をかけておかゆを煮る。薪の乾いている時はいいが、湿っていたりすると燃えにくく、煙による涙と鼻水で顔はクシャクシャ。

風呂も炊かねばならぬ。しゃがみ込んでの仕事は腰が痛くなる。こうした作業を母は毎日こなしていた。

知らない男の子がいきなり家族に

やがて、亡き父が指定した男の子(晃一《こういち》)が家に来ることになった。暑い夏の日の夕方、「今日は、晃ちゃんが来るので、迎えに下りいや」と母。

何の期待も不安もなく、山道を妹と下りた。すぐに出会った。彼は、クリクリ坊主に半袖半ズボンだった。手には新しい草履《ぞうり》を一足だけ持っていた。もちろん履《は》いていたのも草履だったと思う。連れて来たのは彼の祖父だった。

こんにちはも、よろしくも、双方が言わなかったと思う。

その日から彼は我が家の一員になった。とにかく、その後も黙っていた。私らも話しかけなかった。畑仕事は母に言われてしぶしぶやっていたが、いつも気に食わぬ顔をしていた。

私と晃ちゃんは、同じ山の小学校に兄弟のように通うことになった。何より困るのが、寝起きの悪いことだった。母が朝何度起こしても起きてこない。私は一度も声をかけなかった。

学校にはぎりぎり間に合った。食事も私らと同様に、ごく自然に生活したけど、母のことは「おばさん」と呼んだ。無理もないことだ。

小学校までは細い坂道だった。積雪の時は晃ちゃんが先を歩いて雪を踏みしめてくれたので、私は歩きやすくて助かった。

それでも、その積雪がカチコチに凍った朝は滑るので、長靴の甲から先にかけて晃ちゃんが藁縄《わらなわ》でくくってくれた。五年生の晃ちゃんは、草履づくりも上手だった。祖父に仕込まれたと言っていた。母親はこれまで以上に食料調達に精を出し、周囲から継子《ままこ》扱いなどと言われんようにと気を遣っていた。

「同じように扱うても他人の目はのう……」

母はよく言った。

訳のわからない私は「なぜ三人も子供がおるのに、他人の男の子をもろうたん…?」と母に迫った。

「そりゃあのう、うちにゃあ男の子がおらんじゃろう。田を耕すにも、畑仕事をするにも、男子は必要なんじゃ」

「ふーん……」

腑《ふ》に落ちんけど、それで終った。

晃ちゃんは、七人兄弟の次男坊だったが、全員口下手、話下手と聞いている。

一度だけ何が原因だったか忘れたが、かなりの口調で私が一方的に「帰れっ帰れっ」とやったことがあったっけ。またある時は何かの拍子に（もしかして私、この人と結婚させられるんじゃなかろうか？）と。いや、そんなはずはない。でも……いや考えまい……自分で考えては否定した。

晃ちゃんが「ほぼらをふった」

晃ちゃんは中学（高等科といったかな）に行くようになったが、当時勉強はなくて、毎日農園仕事とかだった。しゅろ縄で作ったたゆぐり（今でいうリュックかナップサック）に弁当を入れて、二里半（約十キロ）の道を二年間通った。

休みの日は母に言われて牛を引っ張り出して調教もした。牛を農耕に使うには、まず言葉と動作で行動を教えることから始まる。一頭だけの牛だが、発情がくれば種付けもせねばならず、町の獣医を呼んだ。やがて生まれた子牛は、半年飼育して市場へ。その朝、親牛は気が狂ったように鳴いた。子牛も四ツ足突っ張って抵抗するが、晃ちゃんの力にはかなわなかった。思ったより高値の五万円で売れた。

売上を神棚に供え、その夜だけはおかゆをやめてご飯にした。しかし、草をくわえたまま、牛舎の隅っこを見つめる母牛。悲しい親子の別れ。人間共の身勝手さを詫び、涙したものだ。

20歳の頃の晃一（結婚前）。

しかし、まだ晃ちゃんの朝寝坊は治らない。そうこうするうちに、ある日、晃ちゃんがいなくなった。母の言うには、親元へ帰ったらしいと。以前から知っていた女性から晃ちゃんに手紙が来たと言うのだ。

母は青くなって、その人と恋仲になられては困ると、手紙のやり取りをひどくののしったらしい。早速近所の（後述の）仲人さんに伝えて迎えに行ってもらい、一件落着。

晃ちゃんが俗に言う「ほぼらをふった」（山口方言で一般には嫁が無断で実家に帰ること）のはこの一件だけだったが……。

今思えば、何とも可哀想な話ではないか。一緒に住んでいるだけで、私との婚約が決まっている訳でもないのに、いやまだ話さえ出ていなかったのに。

誰と交際しようが、二十歳前の男女に文通くらいあって当然のことではないか（私は後に、この件については晃ちゃんに心から詫びている）。

ある日、晃ちゃんになぜ隅家に来たのかを聞いてみた。「あそこには電気がついちょるからええぞ」と両親に言われたのがきっかけだったとは。その頃、晃ちゃんの地区は、ランプの生活だった。

中学までは往復二十キロ

昭和二十年八月、私が八歳の時に終戦。しかし、暮らしはらくにならず、相変らず食べ物探しに母は没頭した。農耕用に牛も飼っていたので、私もできる限り牛の世話をした。

戦後しばらくは食料不足が続いた。ある時はさつまいもだけの日も。おかゆは大量の水に米を少しだけ入れて炊き、三膳も四膳も食べた。でも、「水腹いっとき（一時）」とやらで、すぐに腹は減った。

やがて少し食料事情がよくなり、田舎にも木箱に入った乾うどんが入ってきた。その夜は大量にゆで、生醤油で食べた。これがまた、うまかったこと。当時は栄養がどうのこうのはなく、腹が太ればよかった。

母は父の和服をほどいて、二部式（上下で分かれたもの）の働きやすい野良着を作って着た。父は町会議員をやっていて、長着や羽織、袴《はかま》などもかなり持っていたので、それらを利用した。

私も中学校の裁縫の時間に、父の銘仙《めいせん》の着物からワンピース（当時は「かんたん服」）を作った。それも全部手縫いときたから、今思えば凄いことをしたものだ。黒地に小さい縞のとにかく縫いにくい生地だった。通学にも着たし、普段着としても重宝した。

さて、町の中学校までは二里半（約十キロ）、それも砂利道で、慣れるまでのえらかったこと。空腹と疲れとで、口もききたくないほどだった。

母は「おまえもえらかろうから、一週間だけ弁当作ってやる。学校に行きたかったら自分で弁当詰めて行け。草履《ぞうり》も自分で作って行け。わしゃあ後家《ごけ》（未亡人）で、そこまでして学校にようやらん」と言った。

体調が悪かろうが身体のどこが痛かろうが、医者に行くことをしない母。当時は町医者には遠いこともあって、私らとて滅多にかかる者はいなかった。

「電信棒」といじめられ…

中学時代は、登校中ににわか雨に見舞われることも何度かあった。誰も傘など持ち合わせていなくて、頭から全身びしょぬれ。真夏の白いブラウスは女生徒の裸体にピタッと張り付いた。

胸のふくらみが乏しい私の胸はあわれだった。友達は皆ブラウスの下にシュミーズ（スリップ）を着ていて、豊かな胸をより豊満に見せていた。あー、私もシュミーズが欲しい。けどこれまで買ってもらったことがなく、母にねだることなどできるはずもなかった。そのさみしい胸をかくすべく、いつも肩をすぼめて歩いた。

だから雨の日は大きらいだった。びしょぬれのうすっぺらのブラウスは、情け容赦なくペチャパイをあらわにしてくれたのだ。

養子に迎えた男の子は、私より四歳年上だったので、一足先に学業を終えて地元の林業の仕事に出るようになった。いくらか賃金を得るようになり、母と私の要望でシュミーズを買ってくれた。まあ嬉しかったこと。でも、栄養失調なのか幼い頃からの痩せは変らず、ふっくらした妹二人がうらやましかった。痩せているから余計にのっぽに見えた。

百六十六センチはこの中学校の女子で一番ののっぽだったから、男子数人が

「せーたかのっぽの電信棒、犬が小便ぱりかけた（ひっかけたの

意味）」

と、私の耳元へのぞいては言うのだ。あー今日もかぁー。

そのうちにはやしたてる男子は、だんだん増えた。その頃、この中学では教科ごとに教室が指定されていて、一時限終るたびに全員教室を出て次の教科へと移動するのだから、その五分前後の廊下の混雑はすさまじいものがあった。

「せーたかのっぽの……」

また始まった。移動時間にはやしたてる男子は次々増えた。

しかし、女の子がいじめられていても、女子は知らん顔。情なかった。かと言って泣きはしなかったが。

身体のどこかを切り捨てる訳にもいかず、大きかった両親を毎日うらんだ。だが、このいじめを家族の誰にも言うたことはなかった。もちろん先生にも。

そのうちクラス会なるものがあり、各クラスが何らかの演芸を披露することになった。自分らのクラスからは「安寿《あんじゅ》と厨子王《ずしおう》」という出し物をすることに。一番背の高い私は、悪者である「山椒《さんしょう》大夫《だゆう》」に選ばれたのだった。

山の小学校では、当時学芸会なるものが盛大に行われていた。何の娯楽もない時代、地区の人は、子供がいてもいなくても年に一度の学芸会には弁当持参で集まってきた。

五、六年生の頃、指導する先生は、「その役になった気持ちで演じなさい」と熱心に教えてくれた。

背の高い私はいつもお母さん役か、狼役、悪者と決まっていたが、それを当然のことと受け止めていた。一生懸命に舞台をつとめ、会場の涙をさそう場面もあった。楽しかった。

そんな当たり前のこと、芝居をすることの意味は、中学校では通用しなかった。私は山の小学校時代と同様、大きな声で「山椒大夫」を演じた。そこから連日の悲劇は始まった。

「安寿と厨子王」は、可哀想な幼い安寿と厨子王が悪者の山椒大夫にさらわれていくという悲しい物語である。

「へへへ…この俺が」で始まる台詞を、おもしろおかしく私の耳元へのぞいては言う男子ら。もう死にたかった。

当時はいじめで子供が自殺するなんて流行ってなかったし、誰も知らなかったように思う。

今、八十歳を超えて考えることは、「死ぬ気になれば何でもできる」の言葉である。容易に命を絶つことに腹立たしささえ感じる。

残された遺族、先生、教育関係者はどれほどの難儀をしていることか。死ぬくらいならありとあらゆる事実をしたためて、警察署長宛に報告してはどうか。ことの次第を詳細にわたって調べ上げ、いじめを解決できたら、それこそその人の価値は上がるというものである。

「へへへ……」「へへへ……」

くっそう。人をいじめてそんなに楽しいのか？

とにかく私の中学三年間はいじめられ通しだった。早く日曜が来い、祝日はまだか、夏休み、冬休みも待ち遠しかった。だが、一日たりともいじめで学校を休んだことはなかった。

中学卒業から二日で結婚式

そうこうしているうちに、私の一生をも左右しかねない話が友達の間から聞こえるようになった。やはり来るべき時は来たのだと、私は案外冷静だった。近所の仲人さんの計《はから》いで、昭和二十八年三月三十日、結婚式なるものを挙げた。中学卒業から二日目だった。晃ちゃんの「ほぼらをふった」事件であわてた大人どもは、一時も早う結婚をと、私の義務教育の終るのを待って挙行したのだ。四つ年上の男の子も、成人式を前にりりしくなっていた。仲人は二人の意見を一応聞いた。二人共これまで苦労して育て上げてくれた母のことを思うと、いやとは言えなかった。

我が家での二人の結婚式。仲人の奥さんが髪にコテを当ててやると言うので、私は夕方、近所の仲人宅へ行った。炭火の中に投じたコテが熱くなった頃、私の肩までの髪を挟んで、一巻き二巻きしてくれた。少しだけ内向きにカールした。火傷の危険もあり怖かった。ストレートよりちょっと格好よく見えた。もちろん化粧はなし。クリーム一つ持っていなかった。

客はおらず、晃ちゃん（ここからは主人と言おう）の両親が羽織・袴《はかま》・袷《あわせ》の長着を持ってきた。それを着て彼は床柱の前へ。嫁入りではなく婿《むこ》入りなので、床柱を背負う主役は主人である。私はその横に卒業前に買ってもらった真っ黒のベルベットのハーフコートを着て座った。料理と言えるほどのものはなく、何かの煮しめと酢物くらいが並んでいたと思う。

仲人夫妻はこれまた黒紋付、母も父が残した紋付と、とにかく黒々の面々だった。仲人さんも母も結婚の儀式は心得ていたので、

晃一と波満子（著者）の新婚旅行。岩国市錦帯橋にて（昭和28年5月8日）。

昔から家宝みたいに大事にされている塗物で、三・三・九度の儀式は正式にとりおこなわれた。

さて、どんな話

をしたのか定かではないが、一時間程度でお開きになった気がする。これで夫婦なんだ。その夜は早々と床に着いた（結婚式の写真の一枚もないのがさみしい）。

新婚は妊娠ではじまる

これが妊娠なのか、つわりとはこんなにつらいものなのか。寝てもさめてもムカムカは続く。「食えるものを食うたらええ」と母。何も欲しいものはなかった。でも、梅干し茶漬けは流し込めた。なぜか生米が食べたくて、物置から一握りつかんでボリボリ食べた。どうして消化器に子供が宿っているわけでもないのに、食欲に関係があるのやら、いまだにわからん。それでも、農作業は何でもやった。

楽しい新婚時代とは言えなかったが、主人の朝寝坊はどこへやら、早朝から牛に食べさせるための草刈りなどして林業仕事に出て行くようになった。

「米の配給手帳をもらわんと困るので、病院に行って妊娠証明書をもらって来い」と母が言うので、内診しなくても素人目にも妊娠とわかる六ヵ月位に、たった一度だけ婦人科に行った。そこで、母子手帳なるものがもらえた。

三人のどの子の時も、妊娠中、母子手帳をもらうために一度だけ婦人科に行った。

さて、生まれた子に授乳するのがペチャパイの私には、一苦労だった。早い結婚はまだ乳房も完全に発達していないのだと思ったり、いや、通常この年齢なら発達しているはずだ、私が未発達なだけなんだと落ちこんでみたり……。

子供は必死で吸い付いてくれたが、なるだけ早く離乳をと、おかゆ、つぶし野菜、さらには山羊まで飼った。

この山羊乳も搾《しぼ》るのが一苦労。蚊にやられるので、人も山羊もバタバタ。やっとたまった山羊乳を蹴《け》りかえされたり、忙しい夕方だった。

しかし、あのつらいつわりというものがなかったら、私はまだ三人位は産んでいたなあ。

いじめに負けるな

あくる年、長女が生まれた。私は満十六歳だった。二年後十八歳で次女を出産。うん。同級生で結婚した人は、まして子供を産んだ人はいないだろう。そうだ。成人式には子供を連れて行こう。あのいじめの三年間を、ここでギャフンと言わせてやろう。突拍子もないことを考えだして、挙行した。成人式に次女を連れて参加したのだ。一同目をパチクリ。

「そりゃあ、あんたの子なん？」

いじめの大将らもすっかり大人になっていた。誰も私をからかう者はいなかった。いい成人式だった。

他人をいじめるというのは、しばし快感はあると思う。いじめられる側に多少の非がある場合もある。誤って他人に迷惑をかけたとか、不可抗力によって不快を与えてしまったなど（それでもいじめは許されないが）。だが、極端に太っている、また痩せている、容姿が悪い、背の高低など、どうにもならぬことに一方的に圧力をかけてくるのはなぜなのだろう。

いじめる奴はこれまでいじめられたことがなくて人の痛みがわからないのだ。自分が成長するにつれて、ある種可哀想な奴なんだとも思うようになった。成績がよいとされている男子らは、まったく無視で、いじめの仲間に加わることはなかった。

大勢の面前でものが言えるようになった今、あの時（演劇でいじめられた時）「そのうちに吉本興業に入って、次はブラウン管からお目にかかりますよ」なあーんて、言ってやったらよかったなあと。

男性からのいじめは、黙ってないで口達者な女性共が一団となって黙らせましょう。

いじめはこの先も、この世からなくなりません。どう対処するかです。

昔のいじめと現在のいじめは、スマホとやらの普及で大幅に陰湿なものになってきたようです。いじめられても決して死なないことです。死んだら負けです。無視することです。耐えることです。スマホを持たないことです。

私はラインだの、ＳＮＳだのわかりませんが、生活はできます。

世の中豊かになりすぎた今
何もかも文明の利器を考えだした今
危機感さえ覚える
その活用も一歩間違えば人を苦しめ
人命さえも奪いかねない現状を
野放しにしていいものか
これ以上の文明はいらぬ
老婆は考える日々である

さて、幸か不幸か、中学時代より十センチも背が縮み、私の身長は百五十六センチになった。まだ縮むのかな??　いやこの位がベストな気がする。

苦労の連続だった母の人生

母は仕事着もめったに洗わず、それでも破れ穴だけは繕《つくろ》った。頭髪もめったに洗わず、時に縁側で髪を束ねてくれと言うので、櫛《くし》を通すも、臭いわ手は汚れるわでいやだった。

今思うに、五十四歳で逝った母に白髪がなかったのはなぜ？　現在では三十代後半から白髪を染めているというのに。うーん？　貧しい食生活で白髪は防げていたのか……？

とにもかくにも、ひとりっ子の母は当然婿《むこ》養子をとって四人の子供をもうけたところで離婚。婿養子が去って子供をじいさん、ばあさんに預けて母は再婚で隅家へ。

生家と婚家は川を挟《はさ》んで向こうとこっちだった。見えるし、声は聞こえるし、互いに畑仕事をしていると、残してきた我が子が祖父母に連れられて泣く姿が見え、（ああ、自分はこうして我が子を置いて再婚したけどよかったのだろうか）と、葛藤の毎日だったと言う。

やがて父との間に私以下三人の娘が生まれた。これまでこの家には子供がなかったそうで、私は初代の子である。しかし、先妻に先立たれた父は、治らぬ胸の病だけは受け継いでいたのだった。

さて、父の死後、かなり広い畑で母は身を粉にして働いた。ある夏の夕方、麦刈りをしていて左目を麦の穂でついた。その瞬間はこすって済ませたものの、その後、猛烈な痛みにおそわれた。眼科を探して広島まで行き、乳飲み子を連れて一ヵ月入院するも治らず、とうとう左目を失明した。母の黒い瞳には、白い幕が張られてしまった。

それが一段落ついたところで、今度は痛い痛いリウマチに。毎日「痛い痛い」「ここをさすってくれ」「もんでくれ」「たたいてくれ」。

私はそれをするのがいやで、母の声の届かん所で遊んでいた。今思えば何と可哀想なことをしたものだ。そんな寝っ転がっている母の胸に這《は》い這いして行って、胸にすがりついて乳を飲む末の妹。どうにもこうにも生活が成り立たず、お手伝いさんを置ける状態ではないのに、ひとりのおばあさんに泊まり込みで来てもらった。

正直者というか、少し頭の弱い人だった。珍しくサバの煮付けを作ってもらった時、「〝わしは寝ちょるんじゃから、尻尾か頭でええよ〟と言うと、枕もとに持って来られたのは本当に頭と尻尾だけだった」と、母は後々語ってくれた。

でもこのおばあさん、背は小さかったが、妹を背に米をついたり、洗濯、台所とよくやってくれた。後に私が主婦になった頃ふと思い出して、病床に伏していたおばあさんに、ネルで着物を一枚縫って届けたことがあったっけ。

その痛い痛いリウマチだが、母は医療は受けず、他人の噂からノキシノブを煎じて飲んだり、縞蛇《しまへび》の黒焼きを近所の人の助けで作って飲んだりした。それは土管の中に縞蛇を入れ、両方の口を練った赤土でふさぎ、畑の焚火の中に投入、一晩位焼く。真っ黒になった蛇をすり鉢に入れて、細かく粉状にすりつぶして飲むのだが、これが飲みにくいのでオブラートに包んで飲んだものだ。

神の助けか、母は半年余りで動けるようになった。リウマチは自己免疫疾患とやら。私自身も軽度だが、三十年余りも付き合っている。

私が十八歳の頃、母の具合が悪くなり、女性特有のおりものがするようになった。だんだん出血が増え、大きな血の塊も。こわいほどだった。病院をすすめても「出るものがなくなったら、治るよ」と、母は頑《がん》として受け入れなかった。

子宮癌にちがいない。少々臭いもあった。母は日々痩せ細り、血の気のない顔で、それでも孫の守をしてくれた。食事がまったくのどを通らなくなり、秋の彼岸の中日に五十四歳の生涯を終えた。父と再婚して八年、死別して十年。苦労の連続の人生だった。

母の唯一の写真。縁側でひざにいるのは、私の長女。右端は母の友人（昭和２９年暮）。

あっぱれ！　二十五歳の「助産父」

いよいよ家の主を失っての生活が始まった。

自分の子育てをしながら、妹二人の親代りもしなくてはならぬ。農作業のかたわら、学校行事にも参加したし、修学旅行にも行かせた。そうこうするうちに、私は三人目の子供を身ごもった。これまで二人の子は、母がとりあげてくれたけど、さて今度はどうしよう。

「わしがやろう」

主人はすぐに言うた。田舎のこととて助産婦もいない。これまで母がやってきた一部始終を見ていた主人、自信があったのだ。まして真夏の出産、風邪をひかすこともあるまいという結論になった。

さて、皆が就寝した頃から腹が痛くなり始めた。ついに来るべき時は来たのだ。かまどに薪《まき》を大量に入れ、湯をたっぷりわかす準備をした。次はハサミと木綿糸、バスタオル、産着を備えてその時を待つ。二人の子供もぐっすり眠っていて好都合だ。初産とちがって経産は軽いと言われている。と思った途端、ひどい陣痛が来た。ぎりぎりまで主人を起こすまいとしたが、いやもう待てん。

「お湯、持ってきて」

大きな洗濯用のタライに湯を七分目入れてきた。

「アッチ……チ」

水を入れても入れても熱く、とうとうタライはいっぱいに。そこで、湯を汲み捨てて、水を入れ、ようやく手がつけられるようになった。

三人の子のうちで一番大きな声で泣き、寝ていた娘二人もびっくり起きだして、ただ黙って見ていた。

「また娘じゃあや」

「まあ、元気ならどっちでもええ」

主人はぎこちない手つきながらも、へその緒を切って赤ん坊を洗ってくれた。

「ちいと長過ぎたのう」

母は、へその緒は赤ん坊のヒザに合わせて切ったらええ」と言うてた（現在では、うんと短くするらしいが）。ちょっと長すぎておむつ替えや沐浴《もくよく》の時に少々じゃまにはなったけど、まあいいや。

その頃、「使った産湯はその場の床下に捨てるもの」とか言われていた。畳をあげ、床板をあげ、大量の湯を「ザァーッ」と捨てた。そうでなくても湿気の多い寝間になぜ？　今となっては思う。

夜もぼつぼつ白みかけた朝四時、一連の行事を終えた。二十五歳の助産父（夫）、あっぱれだった。

夜明けを待って胎盤を埋めに行った。昭和三十三年八月六日の出来事だった。私は日中だけ寝ていたが、夕方には起きてすべての汚れ物の洗濯をしたし、その後も寝ることはなかった。

小さいが眺め抜群のマイホーム

牛のエサ用の草刈り、水田の水回り、岸草刈り、農作業は山ほどあった。私は農作業を一手に、主人は林業に従事する毎日。

長女が山の小学校を卒業と同時に、住み慣れた地を後に、徳山へ一家転出することにした。子供の成長に連れ、現金収入が必要となり、山では生活できなくなったのだ。中年の田舎者が都会で働くと言えば、運転の仕事くらいしか思いつかず、主人は急きょ、京都の福知山まで泊まり込みで行き、二週間で普通自動車免許を取り帰ってきた。

徳山移転の日は、地元の林業会社が四トントラックを貸してくれた。家財から薪《まき》まで車に積み、須金から栄谷経由で遠石まで。今考えるとよくまあ、初心者が事故もせず、運転して出たものだ。

その後、知人の紹介でトラックの運転業務につき、連日連夜家族のために奔走した。

最初はツーマンの仕事だったが、じきにワンマンになった。大型免許も必要になり、会社の配慮もあって時間をさいて大型も取得した。

その頃借りていた家はひどくお粗末で、長く住める所ではなかった。私もクリーニング店でフルタイムで働き、思い切って大借金して、小さくてもいい、我が家というものを手に入れようということになった。

犬も歩けば棒にあたるとか。日曜日、開発中の土地を主人と回るうち、ひとりの中年男性に出会ったので、「この辺の土地、どのぐらいするのですか」と聞いてみた。

彼は土地ブローカーらしく、手には各種図面なども持っていて、私らの家が欲しい旨も聞き、建築に関する手ほどきも教えてくれ、「何なら、私が保証人になってあげましょう」と、金を借りる算段までしてくれた。

見ず知らずの人だったが、もらった名刺から社会的に地位のある人とわかり、前向きに話をすすめた。山があって海が目の前で、田舎者には絶好の今の場所に話は決まった。

小さくていい、雨露がしのげればいい。それだけの条件で、一年後には平家が建った。約束どおり彼が借金の保証人になってくれた。

さて、遠石の借家を出て、はじめての新築の我が家。どうしても眠れぬ。なぜか考えてみると、静かすぎることだった。

遠石では交通量も多く、出光からの騒音が常時ゴーゴと。それに慣れていたので、このコトリとも言わぬ我が家は無気味だった。

しかし、後ろに太華山、前は海と、見晴らしがよくて、願ったりかなったりの場所だった。春はたけのこ採りやわらび狩りなど、楽しむものがいっぱい。休耕田を借りて、大好きな畑作りも。食べるには余る野菜を、娘の「ガレージで売ったら」との発案で、値段を付けて無人で販売することになった。

盆と正月を除いて、常時開店することを今も続けている。儲からなくていい。種代と堆肥《たいひ》代が出ればいい。作った野菜が粗末にならなければそれでよいのだ。

家のローンも終り、クリーニング店の勤めも辞めて、私はシルバー人材センターの仕事に時折出た。家の周囲の草取り、男性に交じっての草刈りなど、仕事は次々あって楽しかった。

「背の高さ」が生きた社交ダンス

マイホームに住み始めた頃、ふと奇妙なことに興味がわいてきた。社交ダンスである。この背の高さを利用して男役をやったらどうだろう。

恐る恐る教室の門をたたいた。そこには、やはり、私ほどではなかったがかなり背の高い女性もいて、レッスンに精出していた。背のある人は、やはり男役リーダーをやらされていた。

「他に何もいりませんが、靴だけは買ってくださいね」と先生。ダンスシューズである。女性の先生ひとりで、男、女、両方を指導していた。凄い。まあ凄いなあ。感心した。よし、靴を買おう。どこにあるのじゃ。いくらするのじゃ。よし、これを買ったら、やめられんでちょうどよかろう。

たまたま一緒に入った同年代の友達と、やめられんようにと同時に靴を買ったが、その人は三週目にやめてしまった。

さて週に一度のレッスンの日。ぎこちない足どりで「ツースリーホウ」。体重移動がうまくいかず、どこでもここでも暇さえあればステップを踏んだ。バス停でバスを待つ間も。見た人はさぞかしおかしかっただろう。

「あのね、私男役じゃから、相手は女なんよ。異性と踊ることはないからね」

主人はあっさりと了承してくれた。

しばらくすると、シルバーダンス発表会があり、男性の少ない教室のこと、私も出演することになり、猛特訓が始まった。

純白のブラウスに赤の蝶ネクタイ、黒ズボンという出で立ちで、髪はオールバックに小さなイヤリング。

「隅さん、鳳蘭みたいよ」と友達に言われて鏡を見れば、ウンまんざらでもないかあ。嬉しくなって背の高いのも恰好いいじゃん！と、徳山市民館のステージに初めて立った。ドキドキだった。

あの大田舎の山猿がこんな所でこんなことをするなんて、私も

自分で縫ったスラックスで蛇原さんと。

変ったものだ。あの中学三年間「くそくらえ」だった。もし、あの時自殺でもしていたら、この楽しさも味わえなかったのだ。

その後もワルツ、タンゴ、チャチャチャと、汗だくで練習。特にクリスマスパーティなんか盛大。

「隅さん、次、私の番よ」

リーダーはひっぱりだこで休む暇がなかった。女性の方から男性に踊ってくださいとは言えないものらしく、多くの女性は「壁の花」にならざるを得なかった。私は好きにこき使われて大くたびれ…、でも楽しかったなあ。

時には旅行もあった。ホテルのダンスホールはそれはそれは華やかだった。

たまに「ねえ、私、今夜女性にして」。異性の胸にとびこんでみると、あら不思議、少しは踊れるではないか。嬉しかった。両方できるんだなあ……。

三十八歳でおばあちゃんに

夜のレッスンがほとんどだったので、日中は好きなことができた。娘らも成長し、それぞれに伴侶を見つけた。

「上から上から出したら（嫁がせたら）、三人共皆出て行くよ」

周囲は長女を嫁がすことに忠告してくれた。しかし、相手は長男かひとりっ子。一年のうちに、長女次女と二人嫁ぎ、財布の中も心もすっからかんになってしまった。ちょっと一息つきたい。

「ええかね、あんたは長男とひとりっ子はだめよ。次男以下にして」

三女にこんこんと言うた。このご時世、三男、四男はいないのである。みな我が家に必要な数しか産んでいない。

嫁いだ娘には、次々孫が。私は三十八歳でおばあちゃんになった。

そうこうするうちに、三女の見つけたのはまた長男。さて困った。みな取られてなるものか。相手宅には次男坊もいるとのこと、よし取るか取られるか、相手の家に先に乗りこんだ。

我が家の事情も伝え、一日中膝を交えて話し合い、ついに勝ち取った。二十一歳の娘に、二十二歳の坊ちゃん、今思えばよく来てくれたものだ。

私が 38 歳の時にできた孫。

私ら親も四十を出たばかり。それでも同居を望んだのは私だった。いずれ年老いて介護が必要になっての同居はうまくいかんことを知っていたからである。

我が家の三女と。遠石八幡宮にて。

さてその年の秋、内孫の長男が生まれた。この赤ん坊をめぐっていざこざが……。可愛さのあまり、主人、つまりじいさんは四六時中抱いているのだ。仕事から帰った若いお父さんに抱かせたい私。じいさんは「わしが抱いちょっ

たら、よう寝る」と。若い親で見れば、夜のために夕方寝かせても
ろうたら困るのである。親の都合に合わせて寝てもらいたいのもわ
かる。うーん、難しいところだ。
一家は波風立てずにと言うが、そりゃあ他人が入れば大波は立た
んとしても、さざ波くらいはいつもあった。

五十年連れ添った夫との別れ

やがて主人もトラックを降りる日が来た。

本当によく頑張ってくれた。夜の方が車が少ないので走りやすいと夕方から出掛け、夜も寝ないで車を走らせたものだった。

「他人が寝ている間も働いたんだから、退職後はわしの好きにさせてくれ」

主人の口ぐせだった。

「そりゃあいいけど、飲み過ぎて脳梗塞なんぞ起こして寝たきりになり、何年も介護が必要になったらどうするの。そんなのごめんだからね」

主人は黙っていた。

どちらかというと畑仕事はきらいな方だったので、私が畑に行った留守には、しめたとばかりにビールとスナック菓子でテレビを見るのが、彼の至福の時間だった。開封したスナック菓子はなくなるまで食べた。半年で十キロ太った。案の定、肝臓に異常が。近くの少々融通のきく医院に入院。冬の寒い間だけそこで過ごした。

退院したら、私についてしぶしぶ畑に。刈り払い機による草刈りや、こまめ（耕うん機）での耕しはやってくれた。

えらいえらいと言いつつも、酒を飲むことは続けた。冬になればまた入院。とうとう肝臓の六十%を切除する大手術となった。手術後、洗面器いっぱいの肝癌を見せられ、私ら母娘は絶句した。これで生きられるのか聞いたら、また再生しますからとのことだった。しかし、半年後には、残りの肝臓に癌が再発。肺までも侵されて、とうとう帰らぬ人となった。

七十歳だったが、早い結婚だったので五十年連れ添ったことになる。

一生に一度であろう喪主を言い渡された。

苦労したマイホームなので、自宅葬にすることに。読経も終り、謝辞の言葉をとマイクを握らされた。私は考えていることを一言一句、メモを見るでもなく、淡々と申し述べた。

「いやあ、あの時の奥さんの謝辞、すごかったですよ。長年、この仕事をしているけど、あんな謝辞を聞いたのは初めてですよ。点数をつけるなら、百二十点ですよ。ご主人もお喜びのことでしょう」と。

そうかなあ。まあとにかく、これで喪主の仕事は終った気がする。大雨の中、近所の方々もお見送りしてくださった。もう着ることもあるまいと、娘三人と孫娘、私の五人は、和装で見送った。主人は私の着物姿が好きだったので……。

猫が畑仕事の相棒

長いこと畑仕事をしているとさまざまなことに出くわす。気候の変動により、豊作不作もあるように、例年通りの手入れをしても、害虫にやられたり、その収穫はままならぬ。大根なんか引っこ抜いてみて、びっくりぎょうてんするようなものも時にある。

長く畑仕事をやっていると、
こんなものも。

ずっと以前の夏、百合一本になんと八十五個の花がついたこともあり、KRY（山口放送）で放送された。市の広報にも出た。

さつまいものごときは、ひどくねずみにかじられることが多かった。でも、以前飼っていた猫（にゃん太）は、ねずみとりの名手で、十四年間で千百七十二匹ものねずみをつかまえたのだから、ノーベル賞ものであろう（つかまえたねずみの数は、毎

うさぎのうーちゃん。

ねずみとりの名手だったにゃん太。

17歳のポンチャンもねずみとりが得意。

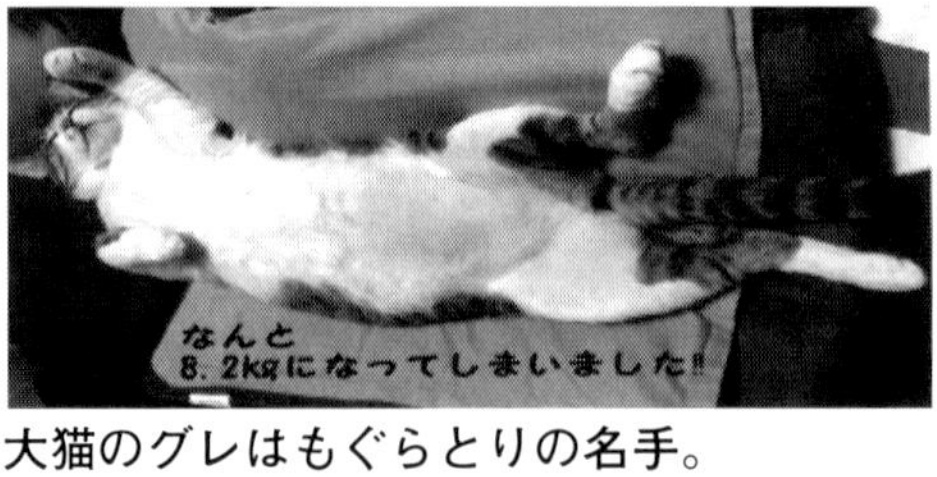

大猫のグレはもぐらとりの名手。

日私が記録した）。

今飼っている猫（グレ）は八キロの体重だが、もぐらとりの名手である。猫はもぐらは食べんから放置するが、人間にはできないことをしてくれるから有り難い。

我が家は今、まるで動物園みたいである。ゴールデンレトリバー一匹、猫二匹、うさぎ一羽、あひる一羽、はりねずみ二匹とバラエティに富んでいる。

ゴールデンレトリバーの志乃。

左が桜華《おうか》、右が大和《やまと》。昨年桜華が天国に旅立ち、あひるは大和だけになってしまった。

はりねずみの名前はどちらもハリー君。

七十歳で歌舞伎を始める

さて、七十歳から地区の昔から伝わる歌舞伎グループ「八千代座」に入団した。敬老会はじめ地区の催し物への出演、各老人ホームの慰問と、結構忙しかった。

団員はみな高齢者。座長に尻をたたかれながら、夜の練習に精出した。

台詞を覚えることは難なくできたが、つらいのは腰だった。「白波五人男」直立不動の立ち姿は、腰痛でブルブル震えた。どうにも継続は難しく、十年で退団した。主人の婿《むこ》入りの時の着物類一式、この歌舞伎団に寄贈した。

八千代座歌舞伎（白波五人男）。左より２人目が私。
少し後方なので、背が小さく見えます。

さよなら、社交ダンス

主人の亡きあとの部屋の片付けを娘と二人でやった。必需品と不用品を手早く段ボール箱に詰めた……まではよかったのだが、数ヵ月経って、ダンスパーティの誘いがきた。久しぶりに参加しようとシューズを探すが、どこにもない。ないよ、無い。どうしよう。どう考えてもあの必需品の箱の方をごみに出してしまったらしい。練習用より少し高級なパーテイ用だったのに。また買おうか。いやこれがやめ時なんだ。この頃腰痛もあり、ダンスとしての姿勢も保てなくなっていたので、あっさりとやめることを決心した。

でも、いい人生だったなあ。

つらいことの後には、いいことがある
貧乏の後には豊かさがある
悲しみの後には、楽しさがある
不便のあとには便利がある

相変わらずさみしい胸

五年ごとの開催を約束して別れた同窓会。五年は七年になり八年になり、とうとう幹事を引き受けて、久々に八十歳前の中学校時代の同窓会は開かれた。

うーん、みんなじいさん、ばあさんになっていて「あの人だあれ？」。言われてああ、そうだったなと思い出す人も。しかし、不思議なことに、私をいじめた面々はいないのだ。

「あの人死んだよ」

「〇〇さんは？」

「あれも天国だよ」

ざまあみろとは言わなかったが、よくもまあ早々と昇天したものだ。

まあ、この日都合悪くて欠席の人もいただろうし、八十五名のうち二十七名の参加でまあよしとしよう。互いに孫、ひ孫を語り、プレゼント交換もあったので、あの頃のいじめの話は出なかった。出さなかった。

のどもと過ぎればであろうが、私は忘れてはいない。一生忘れるものですか。

それから間もなくある老人施設に行った。みんなで入浴。五人一部屋に戻ってきた。

そしたらその中のひとりが、誰に言うでもなく、大きな声で、「アーア。あんなみじめな身体で、まあま、あんな未熟な身体で……」と言った。その人は見事な豊胸の持ち主だった。胸のふくらみのない私には、グサッと突き刺さった。

「くっそう！」と思ったが、事実だから、反論もならぬ。

この年齢になっても、まだペチャパイを悩まなくてはいけないのか。

これも、ある種いじめである。聞こえないふりで横を向いたが、涙が出た。栄養不足による発育不良、さみしい胸。豊胸手術も何度考えたことか。でも今更……。

旅立つ前の主人にも詫びたことがある。

「ええじゃないか、これで子供三人を育てたんじゃから」

主人はそう言うてくれた。

でも、やはり女性は胸である。このことがあって、体調不良もあり、あの人の来るあの施設には一切行かない。

責任。誰が？ どこが？

昔、夏休みと同時にラジオ体操の音楽が流れた。

我が家に子供がいなくても、私は体操に参加した。体操後、体力づくりにと、縄跳び百回やったり、十分間走ったり、またある時は公園の草を百本引くという日もあった。

終れば体操カードに当番から判子《はんこ》をもらい、ほこらしげに帰ったものだった。

今では子供の数も減ったし、早起きのできない子、さらには当番をするのが苦痛という親も。とうとうラジオ体操はなくなった。

以前は、そのうえ、水泳教室もあり、当番制で保護者の誰かが出ていた。でも、もしやの事故の時、誰が責任とるかでみな怖くなり、尻込みするようになったとのこと。

今、水泳に限らず、交通事故、保育時の事故などで、責任問題が取り上げられている。

今後、ますますエスカレートしそうな問題だ。昔は、子供も大勢いたから問題視されなかったのか。もとはと言えば、自分側の事情から生じたことも、運が悪かったであきらめることはしなくなった。誰かをどこかを責め立てることが多発している。

これでいいのか。冷静になって考えて欲しい。誌上のそれらを見るにつけ、暗い気持ちになる。

平成から令和へ。骨折そして入院

その日の朝まで行くつもりで準備していたのに、どうにも体調がすぐれず、今秋（令和元年）の敬老会は欠席した。退院して二ヵ月も経つのに、どうにも食欲はない。だるい。腰と膝が痛い。その痛みは日を追ってひどくなる。元々悪かった膝と腰、あの日の怪我が追い打ちをかけたに違いない。

それは、元号の変る直前の四月二十七日、経験したこともない突風によって、コンパネ（コンクリートパネル）に押さえつけられた。左を下にして、側面から地面にたたきつけられ、コンパネを除けることもできず、痛い痛い。ゲチャッという感覚だった。これは再起不能だなと直感した。

大声で助けを呼んだら、最近引っ越してきたばかりの近所の奥さんが来て、コンパネを除けてくれた。近くの男性も呼んでくれ、携帯で娘も呼んでくれ、三人掛かりで私を娘の車に運んだ。

案の定、恥骨（骨盤）骨折だった。徳山中央病院へ即入院。寝たきり老人になった。尿管は二十四日間つけていた。

困るのは排便である。腹圧がかからないので、なかなか排便がならぬ。やっとの思いで出たものが、時間によっては除けてもらえず、そのまま二時間近く放置されたこともあった。

「もう我慢ならん。死んでもいいから退院する。迎えに来て」

ふとんを頭から引っかぶって、泣き泣き娘に電話した。

「もう食事もいりません」

食べんなら出るものも出んはずと、お膳は下げてもらった。

そんなこんながあって、それでも上向きに寝たまま、横にもなれんベッド生活が二ヵ月も続いた。その後、医師会病院に転院。痛み止めを飲みながら、リハビリも始まった。

尿管袋をぶら下げて、寝たまま入浴も体験した。シャワーが周囲から出て洗車機みたいだった。やれやれ自分の人生でこんなことが起きようとは。

世の中「令和」とやらになっていた。

三月から同居していた内孫らは、令和元年五月一日に入籍したと、病院に報告に来た。

やっと横向きになれた日は嬉しかった。数々のリハビリを経て、八十日目に退院。

ようし、これで自由の身と思ったのもつかのま、腰と膝はだんだん痛くなるではないか。好きな畑もできん。これから何をして暮らせばいいの？　手は動くから栗でも剥《む》こうか。そうだ、文章なら書けるかも……（こうしてこの本ができあがりました）。

いじめからの逆転人生 ―舞台を楽しむ―

年に一度、シルバー人材センターでは一泊旅行があった。ホテルの夕食後、必ず宴会があり、カラオケの他に踊りや余興もあった。むしろカラオケよりさまざまな余興の方に人気があった。

なぜか年とってからの私は、ちょっと人前でおもしろいことをしてみたい気分にかられるようになった。というのも、中学時代のあのいじめからの逆転人生だったのかもしれない。

私の考えたひょうきん踊りに感化された孫（当時三十歳の男）が「ひょっとこ」のお面を買ってきてくれた。

男物《おとこもの》の浴衣にべったらつぎ（上からつぎ布を当てて繕う方法）の当たったズボン下（ももひき）、どじょうをすくうザル、どじょうを入れるビク。これで道具は揃った。頭から豆しぼりでほおかむり。新しくないタオルを腰に、タスキ掛けで浴衣の尻をからげるのがミソ。

老人施設でどじょうすくいを披露。

さて、どじょうすくいと言えば、安来節である。そこに、もうひとり助っ人が現われた。嫁いでいった長女である。彼女が持ってきたのは、輪ゴムの反動で飛ばす牛乳パック。これを花咲かじいさんよろしく一気に飛ばしたら、と言う。

曲が終ってお面を取り、

「おかげでたくさんのどじょうが取れました。これを徳山に連れて帰ってもいいのですが、やはり住み慣れたこの地に返してやりたいと思います。そこで、このどじょう達が秒読みのあとにお花となって帰って行きますので、みなさんご一緒に秒読みしてください。それでは、5、4、3、2、1、さようならぁ――」

で両手を広げると、一気に牛乳パックは飛び散り、めでたしめでたし、拍手拍手となる。

その後も老人施設などで何度も披露している。

シルバー人材センター総会のあとのアトラクションでは、バナナのたたき売りを。

同じシルバーでの出来事。年に一度の総会の後のアトラクションとして、以前は二胡《にこ》の演奏なり鈴々舎馬《れいれいしゃま》るこさんの演芸などで楽しんだものだが、出費もかさむので、会員で何かをしたらと私に白羽の矢が。そこで、以前から興味のあったバナナのたたき売りをと申し出た。早速例の内孫に言うたら、翌日プラスチックのバナナ二房を買ってきてくれた。

さすが私の孫である。すぐに反応してくれるところが……。総会当日は、カラオケ、フラダンスもあったが、幸か不幸か私がトップバッターだった。

人生最初の最後であろう。徳山文化会館のステージに、ひとりで立ったのである。予想以上の反響、大盛況だった。

どこの会でも、今主流はカラオケである。私はあまり好きではないので、時に「ガマの油売り」もやる。我が家の池から置

老人施設を慰問。ガマの油売りを実演。

物のガマを洗って連れて行く。ある田舎の山奥の神社の秋祭りで、時間つぶしに披露したこともある。

その祭りは食べるものが全部タダ。やきそば、ぜんざい、豚汁、押し寿司…神社に何がしかの賽銭をあげるだけで、そこにある食べ物全部、無料で腹いっぱい食べられるから、ラッキーもこの上ない。その上に餅まきの餅がたーんと拾えて、みやげにもなる。

が、しかし、餅は午後二時からでないと、まかないのである。太い腹をさすりながら、境内で焚火にあたりながら、昔話をしながら時間を待つ。やはり、待つ身は長い。

そこで私は考えた。この時間を利用して、祭り客に「ガマの油売り」を披露しようと。子供らも喜んでくれて、餅まきを待つ間のいい暇つぶしになった。

しかし、あの祭りの主催者達の肝っ玉、凄いなあ。米も野菜も作っているとはいえ、無償提供して祭りを盛り上げるなんて見上げたものだ。地区の人達も年はとる。こんな山の中の行事だからこそ、寄り添いの精神が備わっているのであろうか。いつまでも存続なりますように。


老人施設の花まつりで「波瀾万丈の人生を語ろう」が企画され、賞金付きだったので出演したこともある。持ち時間ひとり二十分。

「私の波瀾万丈の人生を語るには、まず三日はかかります」

と前置きして始めたものの、時計係が最前列の席で「あと五分」「あ

スピーチコンテストで優秀賞に。波瀾万丈を語りました。

と三分」のメモを見せるのでそればかりが気になり、どこまでどう語ったのか、とにかく持ち時間終了で壇上をあとにした。

優秀賞はもらったものの、後日、観客は「その次が聴きたかったのに――」とくやしがった。

長い人生で他の人が味わっていないことを経験するのも悪くないか。最近、そう思うことにしている。つらかった中学生時代も、今思えば生きる糧になったのだと……。

川

今一番怖いのは温暖化による気象の急変
避難訓練や避難を呼びかける前に
川底を掘れと言いたい
何度も繰り返す豪雨で
流れてきた土砂や流木で
川は浅くなっている。平たくなっている
水は行き場を失い、住宅にも田畑にも流れ込む
川の中州を除けて、これで堤防を築こう

水は低い方へと流れて行く
水の行く道、低い川を作ろう
昔、川は一番低い所だった
川は優しい存在である
海砂は塩分があり敬遠されるが
川砂は純粋で好かれる
水にもまれ、石にもまれて石は角がとれ丸くなる
人が人にもまれて丸くなるのと似ている

母と私

三女・隅あき子（六十一歳）

私は昭和三十三年、隅家の三女として父にとりあげられたらしい。

「また女か」

その落胆ぶりは想像できる。が、三女、つまり末っ子というものには、親はけっこう甘い。私はのんべんだらりと好き勝手に大きくなった気がする。

物心ついたころから、母はいつも働いていた。

ショッピングにもカラオケにも興味ナシ。呆けないようにと文字を書き、（私に言わせれば）くだらないことを眠れなくなるほど考えて、考えて……。

十六年前に父が亡くなった後で、初めて父とのなれそめ、祖父母の死の状況を聞いた。そうだったのか…。

昔と今では環境が違い過ぎて、「ふーん」としか反応できなかった気がする。現代の若者が本書を読んでもきっとそうだと思う。

ただ、私には共感できる点が二つある。

ひとつは婿養子をとったこと。二十歳で二人兄弟の長男をもらった。実親と同居し、面倒なこともあったが、楽させてもらった。

もうひとつは貧乳の件。ちっとも自慢にはならないが、この点では母に勝てる（私のはもっと板《いた》）。気持ちも痛いほどよくわかるよ。

これは遺伝か……。私の子は男の子でよかった！

◆著者紹介

隅　波満子（すみ　はまこ）

昭和12年5月27日、山口県玖珂郡（現岩国市）錦町広瀬生まれ。
昭和28年、中学卒業後すぐに結婚。クリーニング店に勤めながら、3人の娘を育てた。現在、周南市大島で三女一家と暮らしている。

パワフルばあばは元いじめられっ子

2019年12月17日　第1刷発行
2020年2月20日　第2刷発行

著　者　隅　波満子
発行者　隅　波満子
発　行　株式会社ロゼッタストーン
山口県周南市八代828-7（〒745-0501）
電話　0833-57-5254　FAX　0833-57-4791
E-mail　staff@rosetta.jp
URL　http://www.rosetta.jp
印刷所　三恵社

万一落丁、乱丁があれば、当方送料負担で、お取り替えいたします。
小社までお送りください。

ISBN978-4-947767-17-2　C0095